westermann

Texte schreiben

Erarbeitet von

Heike Baligand
Angelika Föhl
Nadine Pistor
Elke Schnepf-Rimsa

in Zusammenarbeit mit der
Westermann-Grundschulredaktion

Unter Beratung von

Nadin Haida-Herklotz
Miriam Jacobs
Katharina Jorga
Insa Scheller
Christina von Weyhe
Prof. Dr. Anja Wildemann

Illustriert von

Gabie Hilgert und Karoline Kehr

Flex und Flora

Deutsch 4

Seite

Gut starten

Datum: ____________

1 Sammle Ideen zum Thema **Ferienglück** in einem Gedankenschwarm.

ausschlafen

draußen schwimmen

Ferienglück

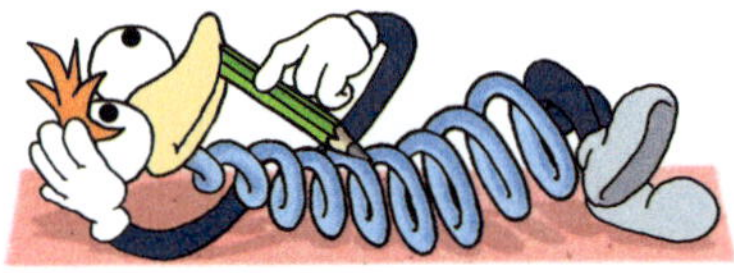

2 Markiere im Gedankenschwarm die Ideen, die du für deinen Text verwenden willst.

3 Schreibe mit den Ideen von Aufgabe 1 einen Text zum Thema **Ferienglück**.

Ferienglück

Das ist Ferienglück

Wenn ____________

Wenn ____________

Wenn ____________

Das ist Ferienglück

Wenn ____________

Wenn ____________

Wenn ____________

4 Lies deinen Text einem Partnerkind vor.
Welche Stelle hat ihm besonders gut gefallen?
Kennzeichne sie mit einem Smiley ☺.

____
Unterschrift Partnerkind

Ideen in einem Gedankenschwarm notieren
Einen Text zu einem vorgegebenen Thema schreiben
Einen Text angemessen betont vorlesen

KV
Fö/Fo
HR

5 Mia hat ihr Buch in der Ferienwohnung von Frau Neumann vergessen.
Lies den Brief.

> ______________________
>
> Liebe Frau Neumann ____
>
> vielen Dank für das Päckchen mit meinem Buch. Das war voll nett von Ihnen. Endlich kann ich das Buch weiterlesen.
> ich war so traurig, als ich gemerkt habe, dass ich mein Buch bei Ihnen vergessen habe. Toll, dass Sie es mir nun geschickt haben.
> Als Dankeschön habe ich Ihnen ein lesezeichen mit unserer Wuppertaler Schwebebahn gebastet. Ich hoffe, dass es Ihnen gefällt.
>
> ______________________
>
> Mia

6 Überprüfe den Brief von Aufgabe 1. Kreuze an.

	ja	nein	teilweise
Ort und Datum sind vorhanden.	☐	☐	☐
Anrede mit Komma ist vorhanden.	☐	☐	☐
Grüße und Unterschrift sind vorhanden.	☐	☐	☐
Der Text ist höflich formuliert.	☐	☐	☐
Alle Wörter sind richtig geschrieben.	☐	☐	☐

7 Verbessere die drei falsch geschriebenen Wörter im Brief in Aufgabe 1. Ergänze die fehlende Angaben.

Sind die Wörter richtig geschrieben?

8 Warum hat Mia einen Brief und keine E-Mail an Frau Neumann geschrieben? Begründe.

____

____

Datum: ______________

1 Lies die Vorschläge für eine Feriengeschichte. Ergänze eigene Ideen.
Markiere den Vorschlag, der dir am besten gefällt.

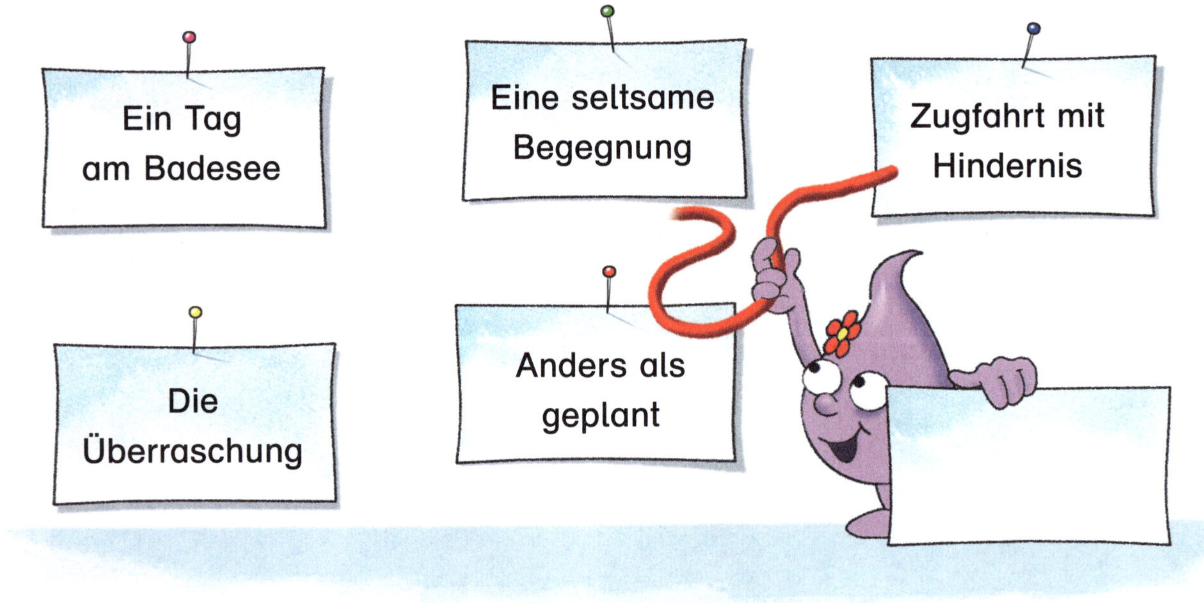

2 Plane deine Geschichte mithilfe des roten Fadens.

3 Schreibe deine Geschichte. Nutze dafür deine Ideen von Aufgabe 2.

Wer ist die Hauptfigur?	
Wo spielt die Geschichte?	
Welches Problem gibt es?	
Wie fühlt sich die Hauptfigur?	
Was passiert dann?	
Wie endet die Geschichte?	

Datum: ____________

4 Hast du alle W-Fragen beantwortet?
Kontrolliere mit dem roten Faden.

5 Schreibe eine passende Überschrift zu deiner Geschichte.

6 Suche dir zwei Kinder für eine Gruppe.
Führt eine Schreibkonferenz durch.
Verwendet den Überarbeitungskreis.

Unterschriften Gruppenkinder

Parallelgedichte schreiben

Datum: ____________

Zukunft
von Flora

Es kommt eine Zeit,
da kann man zum Mond fliegen,
da fahren wir mit Elektroautos,
da gibt es keinen Krieg.
Es kommt eine Zeit,
da bin ich ein berühmter Star,
da helfe ich bedrohten Tieren,
da räumen Roboter mein Zimmer auf.

Komm, wir kehren die Straße
von Ursula Wölfel

Komm, wir kehren die Straße
mit dem großen Besen.
Dann finden wir sieben Sachen:
Einen alten Fahrschein,
einen krummen Nagel,
eine Vogelfeder,
eine grüne Münze,
ein Bonbonpapier,
eine Spiegelscherbe,
und vielleicht,
und vielleicht
einen goldenen Knopf für deine Jacke!

Winter
von Flex

Eines Morgens ist der Winter da.
Mama sieht den Winter.
In der Nacht hat es geschneit.
Alle Pflanzen und Sträucher sind bezuckert.
Oma hört den Winter.
Sie hört die knirschenden Schritte auf dem Schnee
und den Schneeschieber.
Opa fühlt den Winter.
Er hat keine Handschuhe angezogen
und seine Hände sind eisigkalt.
Papa riecht den Winter.
Es riecht nach Schnee in der Luft
und duftet nach Plätzchen im Haus.

1 Sprich mit einem Partnerkind.
Welche Muster meint Flora?

____
Unterschrift Partnerkind

91

Gedichte lesen und Schreibmuster erkennen
Sich mit einem Partnerkind austauschen

KV
Fö /Fo
HR

Ein Gedicht nach Vorlage schreiben

Datum: ______________

1 Wähle einen Ort aus und kreuze ihn an.
Du kannst dir auch selbst einen Ort ausdenken.

- ☐ Dachboden
- ☐ Schulhof
- ☐ Kinderzimmer
- ☐ Garage
- ☐ Klassenzimmer
- ☐ ______________

2 Was könntest du dort finden? Schreibe.

____

____

3 Schreibe das Gedicht mit deinen Ideen von Aufgabe 1 und 2.
Denke auch an passende Adjektive.

Komm, wir kehren ______________

von ______________

Der letzte Gegenstand soll etwas ganz Besonderes sein.

Komm, wir kehren ______________
mit dem großen Besen.
Dann finden wir sieben Sachen:

____
____
____
____
____
____
____

und vielleicht,
und vielleicht

______________________________!

4 Übe dein Gedicht für einen Vortrag. Sprich laut und deutlich.

5 Trage dein Gedicht einem Partnerkind vor.

____
Unterschrift Partnerkind

Ein Sinnesgedicht schreiben

Datum: ____________

1 Wähle ein Thema aus und kreuze es an.
Du kannst dir auch selbst ein Thema ausdenken.

☐ Geburtstag ☐ Sommer ☐ Ausflug ☐ Grillparty ☐ ____________

2 Was passiert? Sammle Ideen zu deinem Thema.

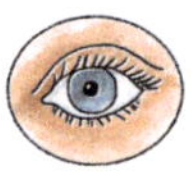	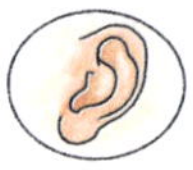
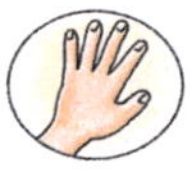	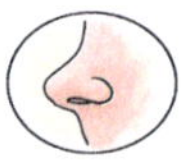

3 Wähle Ideen von Aufgabe 2 aus.
Schreibe damit ein Sinnesgedicht. Denke auch an die Überschrift.

____

von ________________________

Eines Morgens ist ____________________ da.

__________ sieht ____________________.

____

____________________________________.

__________ hört ____________________.

____

____________________________________.

__________ fühlt ____________________.

____

____________________________________.

__________ riecht ____________________.

____

____________________________________.

4 Trage dein Gedicht einem Partnerkind vor.

____
Unterschrift Partnerkind

91

Ein Gedicht zu einem vorgegebenen Thema planen
Ein Parallelgedicht schreiben
Ein Gedicht vortragen

KV
Fö /Fo
HR

Ein Zukunftsgedicht schreiben

Datum: ______________

1 Sammle Ideen zum Thema **Zukunft** in einem Gedankenschwarm.

Zukunft

2 Schreibe mit den Ideen von Aufgabe 1 ein Gedicht zum Thema **Zukunft**.
Denke an die Überschrift.

____

von ______________________

Es kommt eine Zeit,

da ______________________________,

da ______________________________,

da ______________________________.

Es kommt eine Zeit,

da ______________________________,

da ______________________________,

da ______________________________.

3 Lies dein Gedicht einem Partnerkind vor.
Verändere deine Stimme so, dass sie gut zu den Versen passt.
Welche Stelle hat ihm besonders gut gefallen?
Kennzeichne sie mit einem Smiley ☺.

____
Unterschrift Partnerkind

Geschichten untersuchen und schreiben

Datum: ______________

1 Sprich mit einem Partnerkind.
Zu welchen Stichwörtern passen Floras Karten?
Male die Karten passend an.

____
Unterschrift Partnerkind

2 Lies die Erlebnisgeschichte.

Heimweg mit Hindernis

Endlich war die Schule zu Ende. Ich machte mich schnell auf den Heimweg, denn ich hatte einen Bärenhunger.

Wie immer kam ich an dem Garten mit dem sabbernden Riesenhund vorbei. Zum Glück trennte uns ein hoher Gartenzaun. Trotzdem hasste ich diese Stelle aus vollem Herzen. Aber was war das denn? Mist!

Das Gartentor stand sperrangelweit offen. Mir wurde richtig mulmig zumute. Ich flüsterte leise: „Bitte, bitte nicht!“
Da passierte es auch schon. Das zottelige Riesenvieh schoss pfeilschnell zum Tor hinaus. Ich erstarrte vor Angst.
Mein Herz raste. Jetzt würde mich dieses mörderische Fellmonster auffressen. Ich kniff die Augen zu und erwartete mein Schicksal. Aber nichts geschah. Überhaupt nichts.

Stattdessen rief eine tiefe Stimme hinter mir:
„Alles gut, Junge! Er ist bei mir. Ich habe vergessen, das Tor zu schließen. Soll nicht mehr vorkommen."
Ich drehte mich um. Da saß das Ungetüm angeleint und völlig friedlich neben seinem Herrchen. Tierisch Glück gehabt!

3 Schreibe die passenden Wörter neben die Geschichte von Aufgabe 2.

Wendepunkt	Einleitung	Schluss	Hauptteil

Geschichten gliedern sich in drei Teile.
In der **Einleitung** erzählst du, wer die Hauptfigur ist und wo die Geschichte spielt.
Im **Hauptteil** schreibst du, was in der Geschichte passiert.
Hier gibt es einen **Wendepunkt**. Es passiert etwas Unerwartetes.
Im Hauptteil steht auch, wie sich deine Hauptfigur fühlt.
Am **Schluss** erzählst du, wie die Geschichte ausgeht.

4 Lies Floras Tipps.

Deine Erlebnisgeschichte wird besser, wenn du

- **passende Adjektive verwendest:** ein sabbernder Riesenhund, ______________
- **Fragen und Ausrufe einfügst:** Was war das denn?, ______________
- **wörtliche Rede benutzt:** „Bitte, bitte nicht!", ______________
- **die Gedanken und Gefühle der Hauptfigur beschreibst:** ich hatte einen Bärenhunger, ______________

5 Welche weiteren Wörter und Sätze machen die Geschichte von Aufgabe 2 interessant?
Ergänze Beispiele in den Tipps von Aufgabe 4.

Den Aufbau einer Geschichte untersuchen

Datum: ______________

1 Suche dir ein Partnerkind für Aufgabe 2–6.

____
Unterschrift Partnerkind

2 Lies die Geschichte zuerst allein.

Der große Knall

Meine Eltern waren unterwegs und ich wollte an Papas Computer zocken. Das durfte ich aber nur, wenn er zuhause war. „Kein Kind geht ohne meine Erlaubnis an meinen PC!“, betonte er immer. Aber was sollte schon schief gehen?

Voller Vorfreude öffnete ich also das Spiel auf Papas PC und begann, meinen Burggraben auszubauen und die gefährlichen Krokodile hineinzusetzen. Da hörte ich es. Zuerst ein seltsames Surren und dann – PENG – gab es einen ohrenbetäubenden Knall. Der Bildschirm wurde schwarz und es roch verbrannt.

Entsetzt starrte ich auf den PC. Tränen schossen mir in die Augen. „Oh je“, dachte ich panisch, „das gibt richtig Ärger!“

In diesem Moment öffnete sich die Wohnungstür. „Was ist denn hier los? Es riecht so komisch“, rief Mama. Papa stürzte bereits auf mich zu: „Alles okay bei dir?“ „Ja, bei mir schon. Aber ich habe Mist gebaut“, schniefte ich kleinlaut. „Tja, sieht schwer nach einem Kurzschluss aus“, meinte mein Vater grimmig.

Puh! Von diesem Schreck musste ich mich erst einmal erholen.

3 Unterstreiche die verschiedenen Teile der Geschichte von Aufgabe 2: den **Einleitung** grün, den **Hauptteil** blau und den **Schluss** rot.

4 Markiere den **Wendepunkt** in der Geschichte von Aufgabe 2.

5 Sprich mit deinem Partnerkind:

a) Welche Zeilen in der Geschichte habt ihr unterstrichen? Vergleicht.

b) Was habt ihr als Wendepunkt in der Geschichte markiert? Warum?

c) Warum lest ihr die Geschichte gern? Begründet.

6 Wählt eine Geschichte aus, die ihr geschrieben habt. Überprüft, ob es darin einen Wendepunkt gibt.

Den Wendepunkt in einer Geschichte ergänzen

Datum: ____________

1 Suche dir ein Partnerkind
für die Aufgaben 2–4 und 8.

____
Unterschrift Partnerkind

2 Lies die Geschichte zuerst allein.

Am Sonntag war Lola schon früh wach. Ihre Eltern schliefen noch.
„Ich werde sie mit dem Frühstück überraschen“, dachte sie.
Dann weckte sie ihre Eltern und sie frühstückten gemeinsam.
Was für ein schöner Sonntagmorgen.

3 Sprecht über diese Fragen:

a) Wie wirkt die Geschichte von Aufgabe 2 auf euch als Leserin oder Leser?

b) Woran liegt das?

4 Welcher Teil einer Geschichte ist im Text nicht enthalten? Kreuzt an.

☐ Einleitung ☐ Hauptteil mit Wendepunkt ☐ Ende

5 Ab welcher Stelle willst du die Geschichte von Aufgabe 2 verändern?
Setze an diese Stelle ein Kreuz ╳.

6 Was könnte in der Geschichte Ungeplantes passieren?
Sammle Ideen in einem Gedankenschwarm.

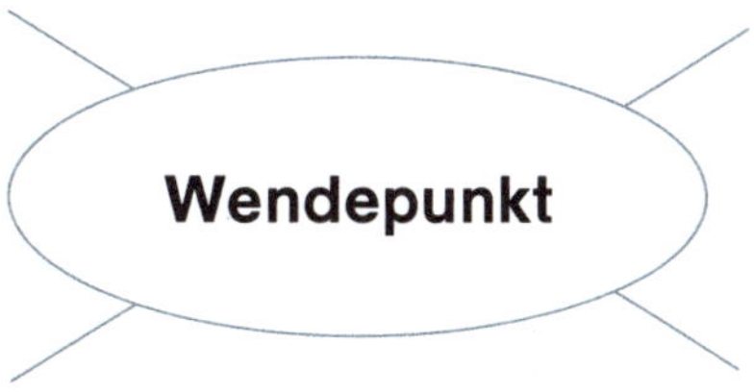

7 Schreibe deine veränderte Erlebnisgeschichte ins Heft.
Denke an eine Überschrift.

8 Lies deinem Partnerkind deine Geschichte vor.
Welche Stelle hat ihm besonders gut gefallen?
Kennzeichne sie mit einem Smiley ☺.

1 Lies die Erlebnisgeschichte.

Fünf Meter sind hoch

Am letzten Wochenende war ich mit meinem Vater im Schwimmbad, denn ich wollte unbedingt vom 5-m-Turm springen. Der Sprungturm war geöffnet. Schnell kletterte ich die Leiter hoch. ☐ Aber oben war es dann viel höher, als ich gedacht hatte. ☐ Hinter mir stand ein Kind, das mir Mut machte. ☐ Ich schaute nochmal kurz in die Tiefe und dann sprang ich. Ich merkte noch, wie mein Mund sich öffnete. ☐ Dann war ich schon im Wasser. ☐ Mein Vater umarmte mich am Beckenrand und lachte. ☐ „Das war spitze!“, jubelte ich. ☐ Jetzt, wo ich es vorgemacht hatte, wollte er unbedingt auch einen Sprung wagen.

- Es war ein langer Aufstieg.
- Meine Knie wurden weich wie Butter.
- Ich brüllte: „Uaaaaa!“
- „Das war toll!“, dachte ich.
- Ich hüpfte vor Freude auf und ab.
- „Sensationell!“, rief er.
- „Spring einfach!“, sagte es.

2 Unterstreiche die verschiedenen Teile der Geschichte von Aufgabe 1:
die **Einleitung** grün, den **Hauptteil** blau und den **Schluss** rot.
Markiere den **Wendepunkt**.

3 Überarbeite die Zeilen 7–19.
Lies, was rechts neben der Geschichte steht.
Ziehe Verbindungslinien zu den passenden Stellen.

Gibt es wörtliche Rede?

4 Lies einem Partnerkind die Geschichte
ohne die neuen Sätze vor
und dann mit den neuen Sätzen.
Sprecht über den Unterschied.

____
Unterschrift Partnerkind

Eine Erlebnisgeschichte schreiben 1

Datum: ____________

1 Lies die Karten mit den Stichwörtern.

2 Kreise die verschiedenen Teile für die Geschichte ein:
die **Einleitung** grün, den **Hauptteil** blau und den **Schluss** rot.
Markiere den Wendepunkt.

- Endlich hörte ich die Stimme des Burgführers.
- vor den Sommerferien
- Klassenausflug Burg Rabenstein

- Nachdem ich es gefunden hatte, suchte ich die Gruppe.
- Ich ging zum Eingang zurück, weil ich dort mein Handy vergessen hatte.
- Burgführer führte Gruppe durch Burg
- ging in einen Gang, großes Fallgitter fiel herunter, eingesperrt
- Fallgitter wurde hochgezogen, war froh, bei den anderen zu sein
- ich rüttelte am Gitter, nichts passierte, Angst, Verzweiflung

3 Schau dir das Bild an. Wie fühlte sich der Junge, was dachte und tat er?
Notiere deine Ideen um das Bild herum.

4 Schreibe eine Geschichte über den Klassenausflug zur Burg Rabenstein ins Heft.

a) Beantworte in der Einleitung die Fragen **Wer?** und **Wo?**.

b) Verwende im Hauptteil passende Adjektive, Ausrufe, Fragen und wörtliche Rede. Mache die Gefühle und Gedanken des Jungen deutlich.

c) Schreibe den Schluss der Geschichte.

5 Lies deine Geschichte einem Partnerkind vor.
Dein Partnerkind überprüft, ob du den Aufbau und die Schreibtipps beachtet hast.
Überarbeite deine Geschichte.

____
Unterschrift Partnerkind

Datum: ______________

1 Wähle ein Thema aus und kreuze es an.
Du kannst dir auch selbst ein Thema ausdenken.

☐ Reingelegt ☐ Verlaufen ☐ Glück gehabt

☐ ______________________________

2 Sammle Ideen für deine Geschichte.

Einleitung
Wer ist die Hauptfigur?
Wo spielt die Geschichte?

Hauptteil mit Wendepunkt
Welches unerwartete Ereignis passiert?
Wie fühlt sich die Hauptfigur?
Was passiert dann?

Schluss
Wie endet
die Geschichte?

3 Welche Ideen möchtest du für deinen Geschichte verwenden?
Kreise sie ein. Markiere den Wendepunkt.

4 Schreibe deine Geschichte mit einer Überschrift.

5 Suche dir zwei Kinder für eine Gruppe.
Führt eine Schreibkonferenz durch.
Verwendet den Überarbeitungskreis.

____
Unterschriften Gruppenkinder

Diskutieren und Standpunkte vertreten

Datum: ____________

1 Suche dir ein Partnerkind für die Aufgaben 2 und 3.

____
Unterschrift Partnerkind

2 Was meint Flora? Sprecht darüber.

3 Welche Erklärung passt zu welcher Rolle? Verbindet.

Moderatorin / Moderator	Ich sage meine Meinung zum Thema und nenne Argumente, die dagegen sprechen.
Pro-Kind	Ich leite die Diskussion. Ich begrüße alle und stelle das Thema vor. Wenn jemand sich nicht an unsere Gesprächsregeln hält, erinnere ich daran.
Kontra-Kind	Ich sage meine Meinung zum Thema und nenne Argumente, die dafür sprechen.

Datum: ______________

4 Was denkst du?
Kreuze an und schreibe.

Sollten lebende Tiere als Klassentiere in der Schule erlaubt sein?

☐ Ich bin dafür. ☐ Ich bin dagegen.

Ich vertrete diese Meinung, weil ______________________________

____

5 Sucht euch drei weitere Kinder
für die Aufgaben 6–8. ______________________________

Unterschriften Gruppenkinder

6 Stellt euch eure Meinungen vor und tauscht eure **Argumente aus.**
Benutzt bei eurer Diskussion die Satzanfänge in den **Sprechblasen.**

Ich denke, dass …

Ich verstehe dein Argument, aber …

Ich bleibe höflich und sachlich.

Ein Argument dafür ist …

Du sagst, dass … Ich meine aber …

Mein Standpunkt ist … Dafür spricht, dass …

Ich finde …, weil …

7 Welches Ergebnis hat eure Diskussion? Kreuzt an.

☐ Wir sind dafür. ☐ Wir sind dagegen. ☐ Wir konnten uns nicht einigen.

8 Diskutiert das Thema **Fische sind tolle Tiere für die Schule** in der Gruppe. Zwei Kinder sind dafür (pro) und zwei dagegen (kontra). Ein Kind leitet das Gespräch.

> Wenn mehrere Personen über ein Thema sprechen, nennt man das eine Diskussion. In einer **Diskussion** haben Personen verschiedene **Standpunkte**. Es gibt **Argumente**, die dafür (**pro**) oder dagegen (**kontra**) sprechen. Wenn du mit anderen diskutierst, gelten die Gesprächsregeln.

Eine Diskussion vorbereiten und führen

Datum: ____________

1 Suche dir vier Kinder für eine Gruppe.

____
Unterschriften Gruppenkinder

2 Schau dir zuerst allein das Foto an und lies die Texte neben dem Foto.

Cool, kein Stress am Morgen!

Ich ziehe doch nicht jeden Tag Sachen in den gleichen Farben an!

Dann gibt es kein Gerede mehr darüber, was man anhat.

Ich gehe gern shoppen und zeige die Sachen in der Schule.

3 Sprecht darüber, welche Argumente für (pro) und welche gegen (kontra) das Tragen einer Schuluniform sprechen. Kreist die Pro-Argumente **grün** und die Kontra-Argumente **rot** ein.

4 Finde jeweils weitere Argumente für (pro) oder gegen (kontra) das Tragen einer Schuluniform und schreibe sie geordnet auf die Zettel.

Pro: Für eine Schuluniform	Kontra: Gegen eine Schuluniform

5 Stellt euch in der Gruppe gegenseitig vor, welche Argumente ihr in Aufgabe 4 gefunden habt. Ergänzt.

6 Bist du für oder gegen eine Schuluniform? Begründe deine Meinung. Nutze deine Argumente, um deinen Standpunkt deutlich zu machen.

Ein Diskussionsanliegen kennenlernen
Lokale und globale Kohärenz entwickeln
Den eigenen Standpunkt angemessen vortragen und begründen

KV
Fö/Fo
HR

Datum: ____________

7 Bereitet eure Diskussion vor.

a) Verteilt die Rollen. Tragt eure Namen ein.

Moderatorin / Moderator: ____________

Kind 1 (pro): ____________ Kind 3 (kontra): ____________

Kind 2 (pro): ____________ Kind 4 (kontra): ____________

b) Bereitet einzeln für euch vor, was ihr in der Diskussion sagen möchtet.
Die Satzanfänge in den Sprechblasen auf Seite 21 helfen dabei.

____

____

____

____

____

____

____

____

____

8 Diskutiert das Thema **Eine Schuluniform tragen** in eurer Gruppe.

9 Welches Ergebnis hat eure Diskussion? Sprecht darüber.
Die Moderatorin oder der Moderator stellt euer Ergebnis in der Klasse vor.

10 Lies die Sätze und kreuze an, was für dich zutrifft.

	☺	☺	😐	☹
Ich konnte die Meinung und Argumente der anderen verstehen.				
Ich habe durch die Diskussion neue Argumente kennengelernt.				
Ich bin mit der Durchführung der Diskussion zufrieden.				

Einen Standpunkt vertreten

Datum: ____________

1 Wähle ein Thema für eine Sammlung von Pro-Argumenten und Kontra-Argumenten aus. Kreuze es an.

Dürfen die Kinder ein Smartphone mit auf die Klassenfahrt nehmen? ☐	Sollen die Kinder auf einer 3-tägigen Klassenfahrt zu einer alten Burg einen freien Nachmittag haben? ☐
Soll man das Taschengeld für die Klassenfahrt für alle gleich festlegen? ☐	Dürfen die Kinder auf einer Klassenfahrt zu dritt in die Stadt gehen? Es ist ein Fußweg von 20 Minuten. ☐

2 Finde zu deinem Thema Pro-Argumente und Kontra-Argumente. Schreibe sie geordnet.

Pro: Das spricht dafür	Kontra: Das spricht dagegen

3 Welchen Standpunkt vertrittst du? Warum? Nutze die Argumente von Aufgabe 2. Nimm deinen Standpunkt und deine Argumente als Audio-Datei auf.

4 Suche dir ein Partnerkind. Spiele ihm die Aufnahme vor und lass dir eine Rückmeldung geben. Welches deiner Argumente hat dein Partnerkind am meisten überzeugt?

____
Unterschrift Partnerkind

Ein Diskussionsthema auswählen
Argumente sammeln und geordnet aufschreiben
Einen Standpunkt aufnehmen und eine Rückmeldung einholen

KV
Fö/Fo
HR

Wünsche formulieren und begründen

Datum: ____________

1 Sammle deine Wünsche in einem Gedankenschwarm.
Überlege dir dabei jeweils, warum du diesen Wunsch hast.

Meine Wünsche

2 Wähle deinen wichtigsten Wunsch aus. Markiere ihn.
Notiere deinen Wunsch und
begründe, warum du diesen Wunsch hast.

Ich wünsche mir ______________________________

______________________________,

weil ______________________________

______________________________.

3 Stelle dir vor, deine Eltern sind gegen deinen Wunsch.

a) Welches Argument könnten sie dagegen haben?

______________________________.

______________________________.

b) Wie könntest du das Argument deiner Eltern entkräften?

Ihr denkt wahrscheinlich, dass ______________________________

______________________________.

Trotzdem ______________________________

______________________________.

Figuren beschreiben

Datum: ______________

1 Sprich mit einem Partnerkind.
Was muss Flex tun, damit Flora Toni erkennt?

____
Unterschrift Partnerkind

2 Lies den Text. Findest du die Person im Bild? Kreise sie ein.

Toni ist ein Mädchen, etwa zehn Jahre alt und schlank.
Ihre langen Haare hat sie zu zwei Zöpfen geflochten.
Sie sind braun wie Haselnüsse. Sie hat ein rundes Gesicht
und auf ihrer kleinen Nase sind so viele Sommersprossen wie Sand am Meer.
Toni trägt ein rotes, kurzärmliges T-Shirt. Mit den schwarzen Punkten
sieht es aus wie ein Marienkäfer. An ihrem rechten Arm
sieht man viele dünne Armbänder, die bunt wie ein Regenbogen sind.
Das Mädchen trägt eine blaue Jeans.
Tonis Füße stecken in knallroten Turnschuhen mit Klettverschlüssen.

3 Wie wird die Person beschrieben? Kreuze die richtigen Aussagen an.

- ☐ Es gibt einen einleitenden Satz.
- ☐ Die Beschreibung erfolgt von unten nach oben.
- ☐ Es gibt Vergleiche bei der Beschreibung.
- ☐ Die Beschreibung erfolgt von oben nach unten.
- ☐ Wir erfahren etwas über das Leben der Person.

Eine Personenbeschreibung lesen
Erkennen, welche Kriterien für eine Personenbeschreibung gelten

KV
Fö /Fo
HR

4 Untersuche die Beschreibung von Aufgabe 2.

a) Markiere alle Adjektive im Text.

b) An drei Stellen werden Dinge mit anderen Dingen verglichen. Unterstreiche die Vergleiche im Text.

Wenn du eine Person, eine Sache, ein Tier oder eine Figur beschreibst, musst du das **sehr genau** machen. Dann kann man sich gut vorstellen, was du meinst. Für eine genaue **Beschreibung** sind **Adjektive** hilfreich. **Vergleiche** machen die Beschreibung noch anschaulicher: braun wie Haselnüsse, so groß wie ein Elefant.

5 Finde eigene Vergleiche.

blau wie der Himmel ______ rot wie Blut ______

groß wie ______ lang wie ______

kräftig wie ______ ______ wie ______

6 Beschreibe eine weitere Person vom Bild auf Seite 26. Verwende auch Vergleiche.

____

____

____

____

____

____

____

____

____

7 Lies deine Beschreibung einem Partnerkind vor. Was hast du besonders gut beschrieben? Sprecht darüber.

____
Unterschrift Partnerkind

Eine Filmfigur beschreiben

Datum: ____________

1 Schau dir den Scheinriesen Herrn Tur Tur aus dem Film **Jim Knopf und Lukas der Lokomotivführer** an.
Lies die Wörter im Kasten.

runde Stupsnase
kleine mandelförmige Augen
zottelige Haare
Mund wie ein Strich
Augen so groß wie Untertassen
lange, spitze Nase
Riesenmund
feurige Augen wie ein Drache

2 a) Streiche die Wörter und Vergleiche im Kasten von Aufgabe 1 durch, die nicht zum Scheinriesen passen.

b) Verwende auch Vergleiche.
Schreibe passende Stichwörter, die zu Herrn Tur Tur passen.

3 Verfasse mithilfe der Stichwörter von Aufgabe 1 und 2 eine Beschreibung des Scheinriesen.

4 Suche dir eine andere Filmfigur im Internet. Beschreibe sie im Heft.

Eine literarische Figur beschreiben

Datum: ______________

1 Suche dir ein Partnerkind für die Aufgaben 2–4.

____
Unterschrift Partnerkind

2 Auf dem Bild seht ihr zwei Figuren aus dem Buch **Irgendwie Anders** von Kathryn Cave. Sprecht darüber.

Irgendwie Anders **Das Etwas**

3 Beschreibt jeweils eine der beiden Figuren von Aufgabe 2. Verwendet auch Vergleiche.

____

____

____

____

____

____

____

____

4 Lest euch gegenseitig eure Beschreibungen vor.

a) Welche Figur wurde beschrieben? ______________________

b) Was wurde beachtet? Kreuze an.

- ☐ Es gibt einen einleitenden Satz.
- ☐ Die Beschreibung erfolgt von unten nach oben.
- ☐ Es gibt Vergleiche bei der Beschreibung.
- ☐ Die Beschreibung erfolgt von oben nach unten.
- ☐ Wir erfahren etwas über das Leben der Person.

E-Mails schreiben

Datum: ____________

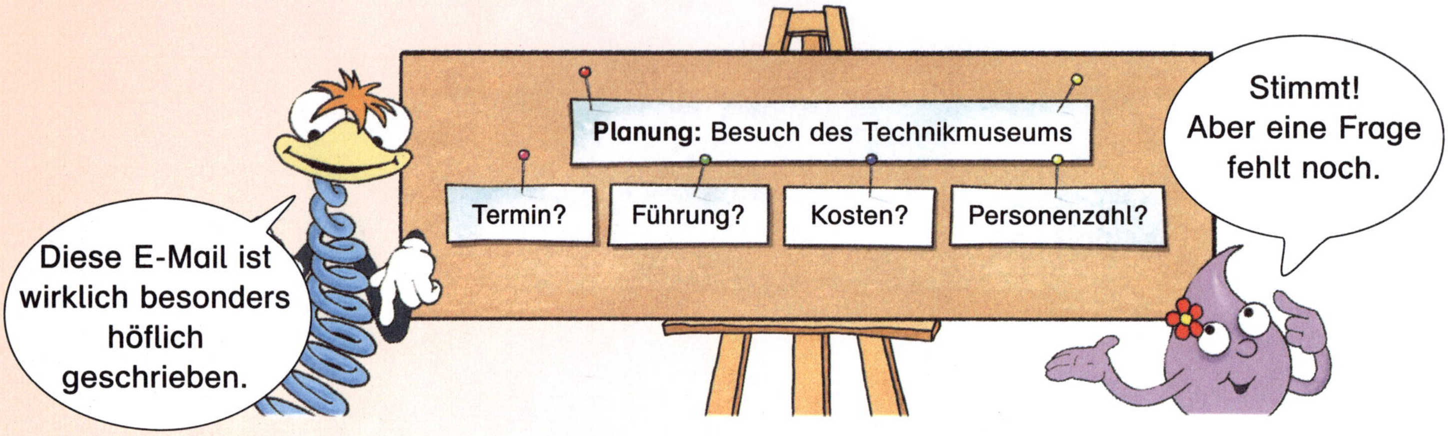

Senden | An... museum@technik.de | Cc... | Betreff: Besuch im Technikmuseum

Sehr geehrte Damen und Herren,

unsere Klasse 4c möchte am Freitag, den 17. Mai Ihr Museum besuchen. Wir sind 25 Kinder und zwei Begleitpersonen. Können wir um 11.00 Uhr zu Ihnen kommen? Was würde der Besuch für uns alle kosten?
Über eine Antwort von Ihnen würden wir uns sehr freuen.

Mit freundlichen Grüßen
Klasse 4c der Turmschule

1 Sprich mit einem Partnerkind.

a) Was meint Flex mit **höflich**?

b) Welche Frage wurde vergessen?

____
Unterschrift Partnerkind

2 Lies die beiden E-Mail-Auszüge.

Senden | An... | Cc... | Betreff:

Lieber Onkel Leo,

ich würde gern in deinem Tennisclub einen Ferienkurs machen. Kannst du mir …

Senden | An... | Cc... | Betreff:

Sehr geehrter Herr Schneider,

ich würde gern in Ihrem Tennisclub einen Ferienkurs machen. Können Sie mir …

Datum: ____________

3 Markiere die Unterschiede in den beiden E-Mails von Aufgabe 2.

4 Lies die Anreden und die Grüße.

Mit herzlichem Dank …	Hallo …
Lieber …	Viele Grüße …
Mit freundlichen Grüßen …	Herzlichst …
Ihr Lieben …	Liebe Grüße …
Sehr geehrte …	Hi …
Sehr geehrte Damen und Herren, …	

5 Markiere die Anreden im Kasten von Aufgabe 4.

6 Wähle je zwei Anreden und Grüße von Aufgabe 4 aus und ordne sie in die Tabelle ein.

Den Empfänger	kenne ich gut	kenne ich nicht
Anrede		
Gruß		

7 Unterstreiche in der E-Mail oben auf Seite 30
den Betreff orange,
die Anrede rot,
die höflichen Anredepronomen grün
und die Grüße blau.

Wenn du an jemanden schreibst, richtet sich die Form deines Schreibens nach dem Adressaten und dem Anlass. Schreibst du deine Nachricht an eine Person, die du nicht kennst, verwendest du **höfliche Anredepronomen**: **Sie**, **Ihnen**, **Ihr**, **Ihre**. Auch **Anrede** und die **Grüße** musst du passend auswählen.

Datum: ____________

Eine Anfrage per E-Mail schreiben

1 Lies die beiden Anzeigen mit Angeboten für eine Geburtstagsfeier.

Kletterabenteuer

Möchtest du deinen Geburtstag einmal ganz anders feiern? Dann besuch uns zu einem tollen Event. Deine Gäste und dich erwarten sportliche Aufgaben im Wald. Ihr könnt allein oder im Team erste Erfahrungen im Klettern sammeln. Die Aktion dauert 2 Stunden und die Teilnahme ist auf maximal 10 Personen begrenzt.

klettern@wald.de

Geburtstagsfeier im Wildpark

Ein besonderes Erlebnis!
Das wird deine Geburtstagsfeier im Wildpark – mit Geburtstagstisch und einer Kutschfahrt sowie einer spannenden Tierspurensuche und Tierfütterung. Am Lagerfeuer kann gegrillt werden.
Kosten (ohne Grillgut): 130 €.

wildpark@abenteuer.de

2 Welche Informationen erhältst du, um eine Geburtstagsfeier planen zu können? Welche Informationen fehlen und wie musst du danach fragen? Schreibe. Kreuze dann an, zu welcher Anzeige du bereits etwas erfährst.

Fragen	Klettern	Wildpark
Was kostet die Aktion?		X
Wie lange dauert die Aktion?		

Anzeigen zu Freizeitangeboten lesen
Informationsgehalt einer Anzeige prüfen
Fragen zu fehlenden Informationen stellen

KV
Fö /Fo
HR

3 Schreibe eine E-Mail an den Kletterpark und an den Wildpark. Frage nach den Informationen, die noch fehlen, um einen Geburtstag zu planen.

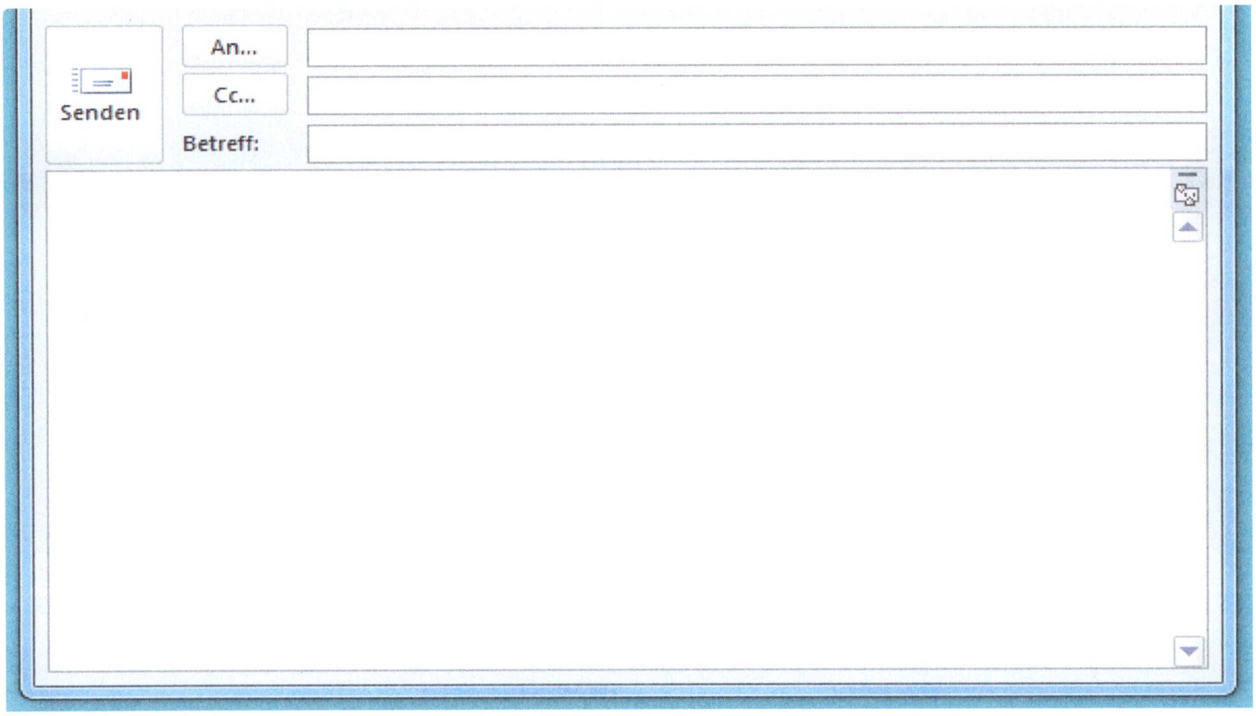

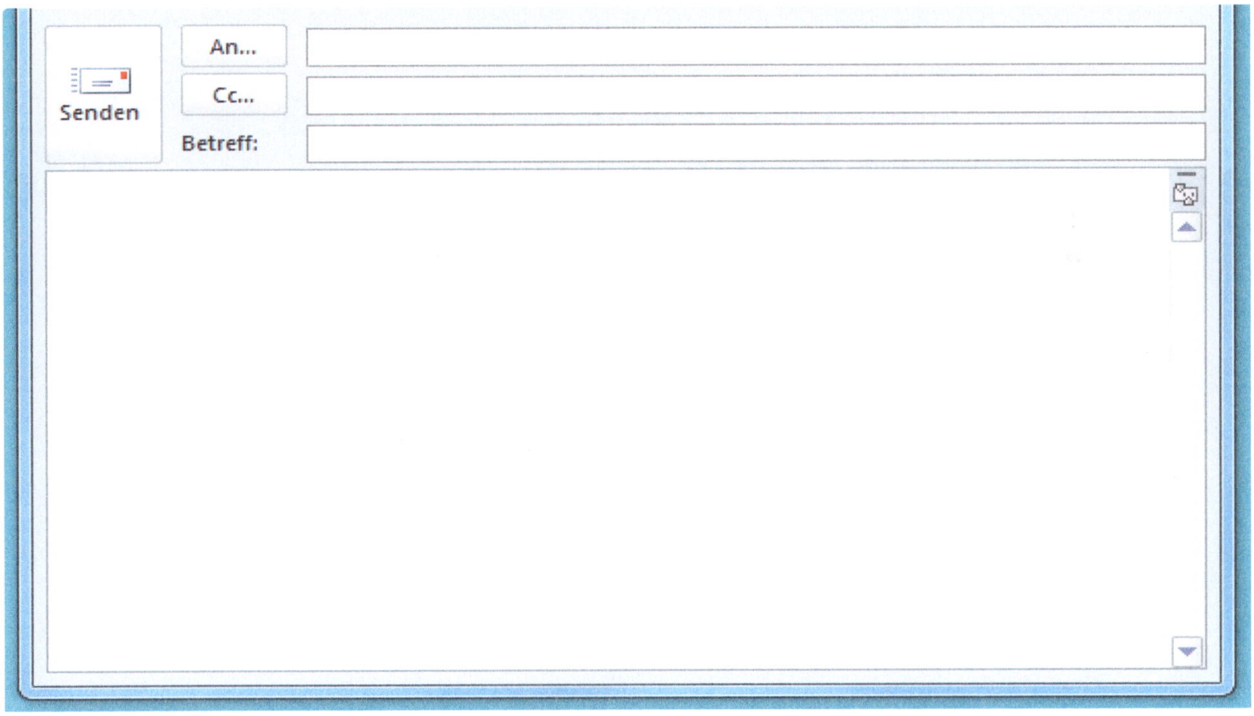

4 Lies deine E-Mails einem Partnerkind vor. Lass dir ein Feedback geben.

____
Unterschrift Partnerkind

Fantastisches erzählen und schreiben

Datum: ____________

1 Sprich mit einem Partnerkind: Was könnte passieren, wenn man auf den Knopf drückt?

____
Unterschrift Partnerkind

2 Notiere deine Ideen für eine Fantasiegeschichte.

Einleitung
Wer ist die Hauptfigur?
Wo spielt die Geschichte?

Hauptteil mit Wendepunkt
Welches unerwartete fantastische Ereignis passiert?
Wie fühlt sich die Hauptfigur?
Was passiert dann?

Schluss
Wie endet die Geschichte?

Eine Fantasiegeschichte ist eine Geschichte, die im echten Leben so nicht passieren kann. Darin kommen fantastische Orte oder Figuren vor. Oft haben die Figuren außergewöhnliche Fähigkeiten.

3 Schreibe eine Fantasiegeschichte.
Denke an die Überschrift.

4 Suche dir zwei Kinder für eine Gruppe.

a) Lies ihnen deine Geschichte vor.

b) Überarbeitet deine Geschichte mithilfe des Überarbeitungskreises.

____
Unterschriften Gruppenkinder

Eine Fantasiegeschichte weiterschreiben 1

Datum: ____________

1 Lies den Geschichtenanfang.

Im Keller hatte ich dieses kleine Tütchen mit quietschbunten Samenkörnern entdeckt. Solche seltsamen Körner hatte ich noch nie zuvor gesehen. Neugierig grub ich sie in unserem Vorgarten ein. Niemals hätte ich damit gerechnet, was dann passierte.

2 Male das Bild weiter.

3 Stelle dein Bild einem Partnerkind vor. Erzähle, was passiert.

____
Unterschrift Partnerkind

4 Sammle Stichwörter für den Hauptteil mit Wendepunkt und den Schluss der Geschichte.

Hauptteil mit Wendepunkt
Welches unerwartete fantastische Ereignis passiert?
Wie fühlt sich die Hauptfigur?
Was passiert dann?

Schluss
Wie endet die Geschichte?

Den Textanfang einer Fantasiegeschichte zeichnerisch fortsetzen
Die Rolle einer Erzählerin oder eines Erzählers einnehmen
Hauptteil und Schluss einer Fantasiegeschichte planen

KV
Fö /Fo
HR

Datum: ____________

5 Schreibe deine Fantasiegeschichte.
Denke an die Überschrift.

6 Lies deine Geschichte einem Partnerkind vor.
Welche Stelle hat ihm besonders gefallen?
Kennzeichne sie mit einem Smiley ☺.

____
Unterschrift Partnerkind

Eine Fantasiegeschichte weiterschreiben 2

Datum: ____________

1 Lies den Geschichtenanfang.

„Nein, das ist noch viel zu früh!“, brummte Jona, als der Wecker wie immer scheppernd losbrüllte. Verschlafen trottete er ins Badezimmer. In der Tür blieb er wie angewurzelt stehen. In der Badewanne stand ein seltsames Geschöpf und schaute ihn vorwurfsvoll an. „Machst du endlich mal das Wasser an? Ich vertrockne hier noch!“

2 Wie könnte die Geschichte weitergehen?
Sammle Wörter oder kurze Sätze.

a) Welche **Adjektive** passen zum Aussehen des Wesens?

____

b) Welche **Gedanken** oder **Gefühle** haben die Hauptfiguren?

Jona	**das seltsame Wesen**

c) Welche **Ausrufe** und **Fragen** passen in die Geschichte?

Jona	**das seltsame Wesen**

d) Wie könnte die Geschichte enden?

____

____

____

____

Die Einleitung einer Fantasiegeschichte lesen
Fragengeleitet Ideen für den Hauptteil mit Wendepunkt und Schluss einer Fantasiegeschichte sammeln

KV
Fö /Fo
HR

Datum: ______________

3 Schreibe eine Fantasiegeschichte.
Nutze deine Ideen von Aufgabe 2. Denke an die Überschrift.

4 Lies deine Fantasiegeschichte einem Partnerkind vor.
Kennzeichnet mit einem Smiley
- eine besonders lustige oder spannende Stelle ☺,
- einen besonders schönen Satz ☺,
- zwei besondere Wörter ☺.

____
Unterschrift Partnerkind

Anleitungen schreiben

Datum: ____________

1 Suche dir ein Partnerkind.
für die Aufgaben 2, 4 und 5.

____
Unterschrift Partnerkind

2 Was meint Flora? Sprecht darüber.

3 Lies den Anfang für die Spielanleitung.
Was brauchst du für das Spiel? Schreibe.

Spielanleitung für das Murmelspiel

Anzahl der Spielerinnen und Spieler
2 – 5 Kinder

Spielmaterial
____

Spielvorbereitung
Zuerst machst du ein Loch von ca. 10 cm Durchmesser.
Danach gehst du 7 große Schritte vom Loch weg und markierst diese Stelle mit einem Strich. An diesem Strich stellen sich alle Kinder auf, die mitspielen. Von hier werden die Murmeln in das Loch gerollt.
Jedes Kind erhält 5 Murmeln.

Über die Notwendigkeit von Spielanleitungen sprechen
Den Anfang einer Spielanleitung lesen

KV
Fö /Fo XXX, XXX
HR

Datum: ______________

4 Probiert aus, wie man das Murmelspiel spielen kann. Notiert Stichwörter.

5 Überlegt euch Spielregeln für das Murmelspiel. Beschreibt auch das Ende des Spiels.

Spielregeln

Es beginnt ______________________________

____

____

____

____

____

____

____

Ende des Spiels

Es gewinnt, wer ______________________________

6 Sucht euch zwei weitere Kinder für eine Gruppe für die Aufgaben 7 und 8.

____
Unterschriften Gruppenkinder

7 Lest gemeinsam eure Spielanleitungen.

a) Welche Regeln sind sinnvoll?

b) Welche Regeln könnt ihr weglassen oder verändern?

c) Braucht ihr noch weitere Regeln?

8 Spielt das Spiel gemeinsam in der Pause.

Eine **Anleitung** besteht aus der **Überschrift**, der **Materialliste** und den einzelnen **Arbeitsschritten**. Du beschreibst die einzelnen Schritte genau und in einer sinnvollen Reihenfolge, so dass man die Anleitung gut nutzen kann. Du verwendest für eine Anleitung das **Präsens**.

Eine Spielanleitung für ...

Datum: ____________

1 Suche dir ein Partnerkind für die Aufgaben 2–5.

____
Unterschrift Partnerkind

2 Schaut euch den Spielplan an. Sprecht über mögliche Spielideen. Welche Spielregeln sollen gelten?

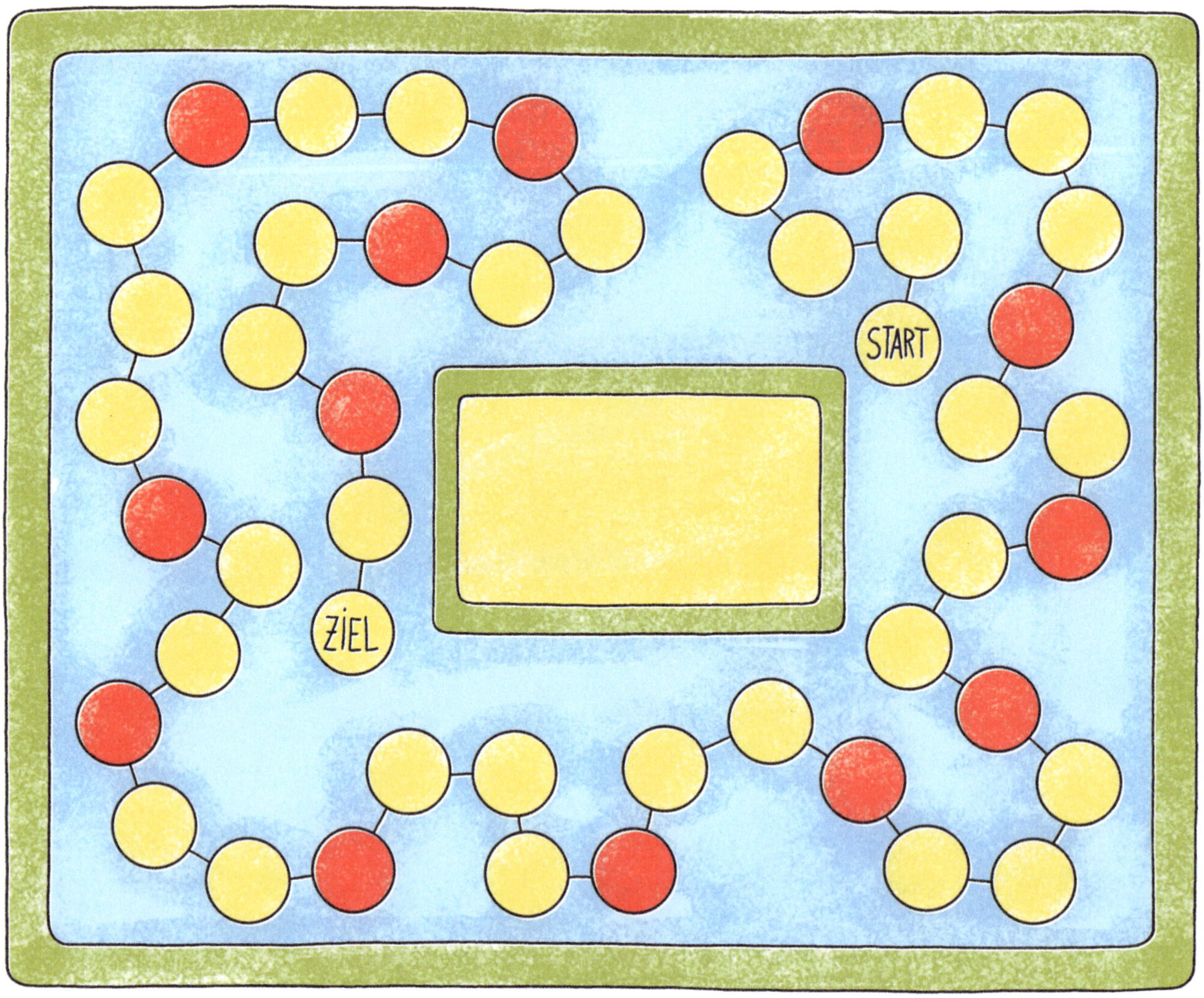

3 Sammelt Ideen für die roten Ereignisfelder. Schreibt Stichwörter.

hüpfen, noch einmal würfeln, ____________

____

4 Formuliert zu den Stichwörtern Aufgaben. Schreibt sie auf Karten.

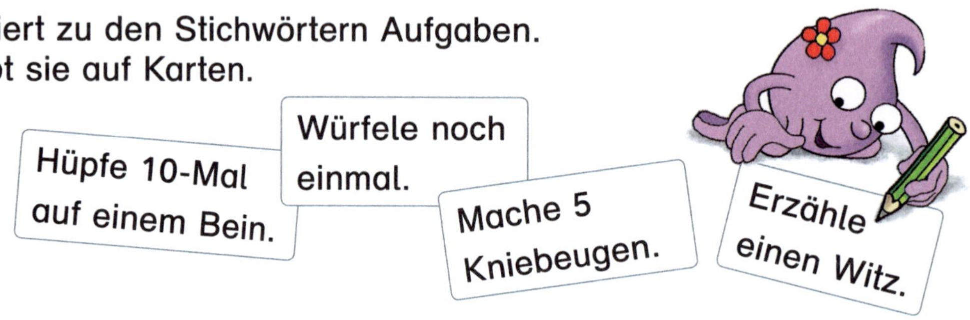

Datum: ______________

5 Schreibt eine Spielanleitung für das Brettspiel.

Anzahl der Spielerinnen und Spieler: ______________________________

Spielmaterial: ______________________________

____

Spielregeln: ______________________________

____

____

____

____

____

____

____

____

____

____

Ende des Spiels: ______________________________

____

____

6 Sucht euch zwei weitere Kinder für eine Gruppe für die Aufgaben 7 und 8.

____
Unterschriften Gruppenkinder

7 Lest gemeinsam eure Spielanleitungen.

a) Welche Regeln sind sinnvoll?

b) Welche Regeln könnt ihr weglassen oder verändern?

c) Braucht ihr noch weitere Regeln?

8 Spielt das Spiel gemeinsam.

Eine Wegbeschreibung für …

Datum: ____________

1 Schau dir den Plan für die Schatzsuche an. Lies die Stichwörter.

Wie viele Stationen gibt es? ____________

2 Schreibe die Anweisungen für die Schatzsuche.
Nutze die Stichwörter auf dem Plan.

Station 1: Geht den Bärenweg entlang, bis ihr zu einer Bank an einem Baum kommt. Sucht unter der Bank nach einem Zettel.

Datum: ______________

Station 2: ______________________________

____

Station 3: ______________________________

____

Station 4: ______________________________

____

Station 5: ______________________________

____

Station 6: ______________________________

____

Station 7: ______________________________

____

3 Zeichne den Schatz auf der Schatzkarte ein.

4 Plane mit einem Partnerkind eine Schatzsuche für die Klasse auf dem Schulhof. Zeichnet einen Plan und schreibt dann die Zettel für die einzelnen Stationen.

____

Unterschrift Partnerkind

T3

Berichte schreiben

Datum: ______________

1 Sprich mit einem Partnerkind.
Beantwortet Floras Frage.

____
Unterschrift Partnerkind

2 Lies den Bericht.

Unfall auf dem Schulhof

[ ]	Am 5. September kam es in der Hofpause zu einem Unfall.
[ ]	Der Unfall ereignete sich am Kletterturm auf dem Schulhof der Eulengrundschule.
[ ]	Sina war auf dem Turm.
[ ]	Sie fiel vom Turm und verletzte sich am Bein.
Wie oder warum?	Ein Balken war alt und morsch und zerbrach, als Sina daraufstieg.

3 Lies die Fragen.
Ordne die Fragewörter den passenden Sätzen im Bericht zu.

Was passierte? | **Wann** passierte es? | **Wo** passierte es?

Wer war beteiligt? | **Wie oder warum** kam es dazu?

> Einen **Bericht** schreibst du **kurz und sachlich**.
> Darin beantwortest du die **W-Fragen: Wann?, Wo?, Was?, Wer?, Wie oder warum?**.
> Du verwendest für einen Bericht das **Präteritum**.

101

Sich über ein Bild austauschen
Einen Bericht lesen
W-Fragen als Schreibhilfe für einen Bericht kennenlernen

KV
Fö /Fo
HR

Datum: ____________

1 Schau dir das Bild an und lies den Bericht.

Schadensbericht

Bei uns in der Schule ist immer was los. Am Montag, den 14. April, kam es in der großen Pause zu einem Schadensfall. In zwei Wochen wird nämlich das Hockeyturnier an der Mühlenschule stattfinden und alle Klassen trainieren fleißig. Das Hockeyfeld war am Montag natürlich schon wieder besetzt. Deshalb trainierten einige Kinder der Klasse 4a auf dem Schulhof vor dem Klassenzimmer der 2b. Wir hatten alle unsere Hockey-Kleidung angezogen. Mika setzte das Kuscheltier unserer Klasse hinter das Tor. Das sollte Glück bringen.

Zuerst ging alles ganz gut. Aber dann passierte es. Tom spielte den Ball zu Jan. Der holte mit seinem Schläger aus, traf den Ball aber nicht richtig. Der Ball flog mit voller Wucht durch die Luft. Klirr! Eine Fensterscheibe zerbrach. Jan schrie Tom an: „Kannst du nicht besser zuspielen? Das bezahle ich nicht!“

Wörtliche Rede gehört nicht in einen Bericht.

2 Überarbeite den Schadensbericht von Aufgabe 1.

a) Unterstreiche die Antworten auf die W-Fragen mit verschiedenen Farben: Wann passiert es?, Wo passiert es?, Was passierte?, Wer war beteiligt?, Wie oder warum kam es dazu?.
Tipp: Einige Wörter kannst du mit mehreren Farben unterstreichen.

b) Einige Sätze gehören nicht in einen Schadensbericht. Streiche sie durch.

3 Suche dir ein Partnerkind. Vergleicht eure Ergebnisse.

____
Unterschrift Partnerkind

4 Überarbeite den Bericht von Aufgabe 1 und schreibe ihn neu ins Heft. Die **W-Fragen** von Aufgabe 2 helfen dir.

Einen Bericht ...

Datum: ______________

1 Mila und Emil waren bei einer Streitschlichterin.
Lies ihre Stichwortzettel.

Emils Zettel

Wann? in der großen Pause

Wo? zwischen der Schaukel und der Tischtennisplatte

Wer? Mila aus der 4a

Was? Mila trat mich

Wie oder warum?
Ich war auf dem Weg zur Schaukel und habe Mila nicht gesehen. Keine Ahnung, warum sie mich getreten hat.

Milas Zettel

Wann? gestern in der Hofpause

Wo? an der Tischtennisplatte

Wer? Emil aus der 4b

Was? Emil schubste mich

Wie oder warum?
Emil ärgert mich immer

2 Wie sieht Mila den Streit? Schreibe einen Bericht.

Stichwortzettel zu Berichten vergleichen
Einen Bericht aus einer bestimmten Perspektive schreiben

KV
Fö /Fo
HR

... aus zwei Perspektiven schreiben

3 Wie sieht Emil den Streit?
Schreibe einen Bericht.

4 Wieso sind Milas und Emils Berichte unterschiedlich?
Erkläre.

5 Suche dir ein Partnerkind.
Was würdet ihr als Streitschlichterin oder Streitschlichter Mila und Emil raten?

Unterschrift Partnerkind

Ein Drehbuch für einen Trickfilm schreiben

Datum: ______________

1 Suche dir zwei Kinder für eine Gruppe für die Aufgaben 2–7.

2 Sprecht über diese Fragen:

a) Was ist ein Trickfilm?

b) Wie produziert man ihn?

____
Unterschriften Gruppenkinder

3 Lest die Witze.
Welchen Witz wollt ihr als Trickfilm produzieren? Kreuzt an.

Zwei Frösche sitzen am Seeufer. Plötzlich beginnt es zu regnen. Sagt der eine Frosch: „Schnell ins Wasser, bevor wir noch nass werden." ☐	Gehen zwei Zahnstocher im Wald spazieren. Plötzlich läuft ein Igel an ihnen vorbei. Da sagt der eine Zahnstocher zum anderen: „Sag mal, wusstest du, dass hier ein Bus fährt?" ☐

4 Plant euren Trickfilm. Lest und schreibt.
Hakt ab, was ihr schon habt, und besorgt, was noch fehlt.

a) Material:

- Tablet oder Smartphone ☐
- App zum Erstellen des Trickfilms ☐
- Befestigung für das Gerät ☐
- farbige Pappe als Hintergrund für den Trickfilm ☐

Sich über die Möglichkeiten für die Präsentation von Medienprodukten austauschen

KV
Fö /Fo
HR

b) Wie ist der Titel eures Trickfilms?

____

c) Was ist auf der Pappe für den Hintergrund zu sehen?

____

d) Welche Figuren und Gegenstände sind in eurem Trickfilm zu sehen?

____

____

e) Was sagen die Figuren?
Notiert, was später in den Sprechblasen in eurem Film steht.

Figur	Text

5 Stellt den Hintergrund, die Figuren und die Sprechblasen für euren Trickfilm her.
Verteilt die Aufgaben untereinander.

6 Produziert den Trickfilm mithilfe einer App.
Verschiebt eure Bilder immer nur ein wenig und macht dann ein Foto.
Mithilfe der App wird aus den Bildern dann ein Trickfilm.

7 Präsentiert euren Trickfilm in der Klasse.

In einem Trickfilm werden viele Bilder von einzelnen Szenen gemacht. Diese werden hintereinander abgespielt. Für uns sieht es dann so aus, als würden sich die Figuren und Formen bewegen. Ein anderes Wort für diese Technik ist **Stop Motion**. Einen Trickfilm musst du planen. Für die Herstellung benötigst du ein Aufnahmegerät, einen Hintergrund, Bilder und Texte zum Legen.

Datum: ______________

1 Suche dir zwei Kinder für eine Gruppe für die Aufgaben 2–8.

____
Unterschriften Gruppenkinder

2 Lies die Fabel zuerst allein.

Die Schildkröte und der Hase
nach Aesop

Eine Schildkröte wurde wegen ihrer Langsamkeit vom Hasen verspottet. Trotzdem wagte sie es, den Hasen zum Wettlauf herauszufordern. Der Hase ließ sich mehr aus Scherz als aus Prahlerei darauf ein.

Es kam der Tag, an dem der Wettlauf stattfinden sollte. Das Ziel wurde festgelegt und beide betraten im gleichen Augenblick die Laufbahn. Die Schildkröte kroch langsam und unermüdlich. Der Hase dagegen legte sich mit mächtigen Sprüngen gleich ins Zeug, wollte er den Spott für die Schildkröte doch auf die Spitze treiben.

Als der Hase nur noch wenige Schritte vom Ziel entfernt war, setzte er sich schnaufend ins Gras und schlief kurz darauf ein. Die großen Sprünge hatten ihn nämlich müde gemacht. Doch plötzlich sah sich der Hase vom Jubel der Zuschauer geweckt, denn die Schildkröte hatte gerade das Ziel erreicht und gewonnen.

Der Hase musste zugeben, dass das Vertrauen in seine Schnelligkeit ihn so leichtsinnig gemacht hatte, dass sogar ein langsames Kriechtier ihn mit Ausdauer besiegen konnte.

3 Plant euren Trickfilm. Lest und schreibt.
Hakt ab, was ihr schon habt, und besorgt, was noch fehlt.

a) Material:

- Tablet oder Smartphone ☐
- App zum Erstellen des Trickfilms ☐
- Befestigung für das Gerät ☐
- farbige Pappe als Hintergrund für den Trickfilm ☐

b) Wie heißt der Titel eures Trickfilms?

____

4 Lest und ergänzt die Planung für die erste Szene.

a) Welche Figuren und Gegenstände sind in eurem Film zu sehen?

Hase, ____

____

____

b) Lest die erste Szene der Fabel auf Seite 52.
Lest dann, was die Figuren sagen könnten.

Szene 1:

Figur	Text
Hase:	Hey Schildkröte, selbst eine Schnecke ist ja schnell gegen dich.
Schildkröte:	Dann lass uns doch mal einen Wettlauf machen.
Hase:	Nichts lieber als das! Das wird sicherlich ein großer Spaß.

5 Verteilt die Szenen 2, 3 und 4 untereinander.
Jedes Kind legt im Heft eine Tabelle wie in Aufgabe 4 an und schreibt die Dialoge für eine Szene.
Ihr könnt auch einen neuen Dialog für Szene 1 schreiben.

6 Stellt den Hintergrund, die Figuren, die Sprechblasen und die Gegenstände für euren Trickfilm her.
Verteilt die Aufgaben untereinander.

7 Produziert den Trickfilm mithilfe einer App Szene für Szene. Verschiebt eure Bilder immer nur ein wenig und macht dann ein Foto.
Mithilfe der App wird aus den Bildern dann ein Trickfilm.

8 Präsentiert euren Trickfilm in der Klasse.
Lasst euch eine Rückmeldung geben.

Tipp

9 Sucht im Internet nach weiteren Fabeln.
Setzt eine davon als Trickfilm um.

Ein Haiku kennenlernen

Datum: ______________

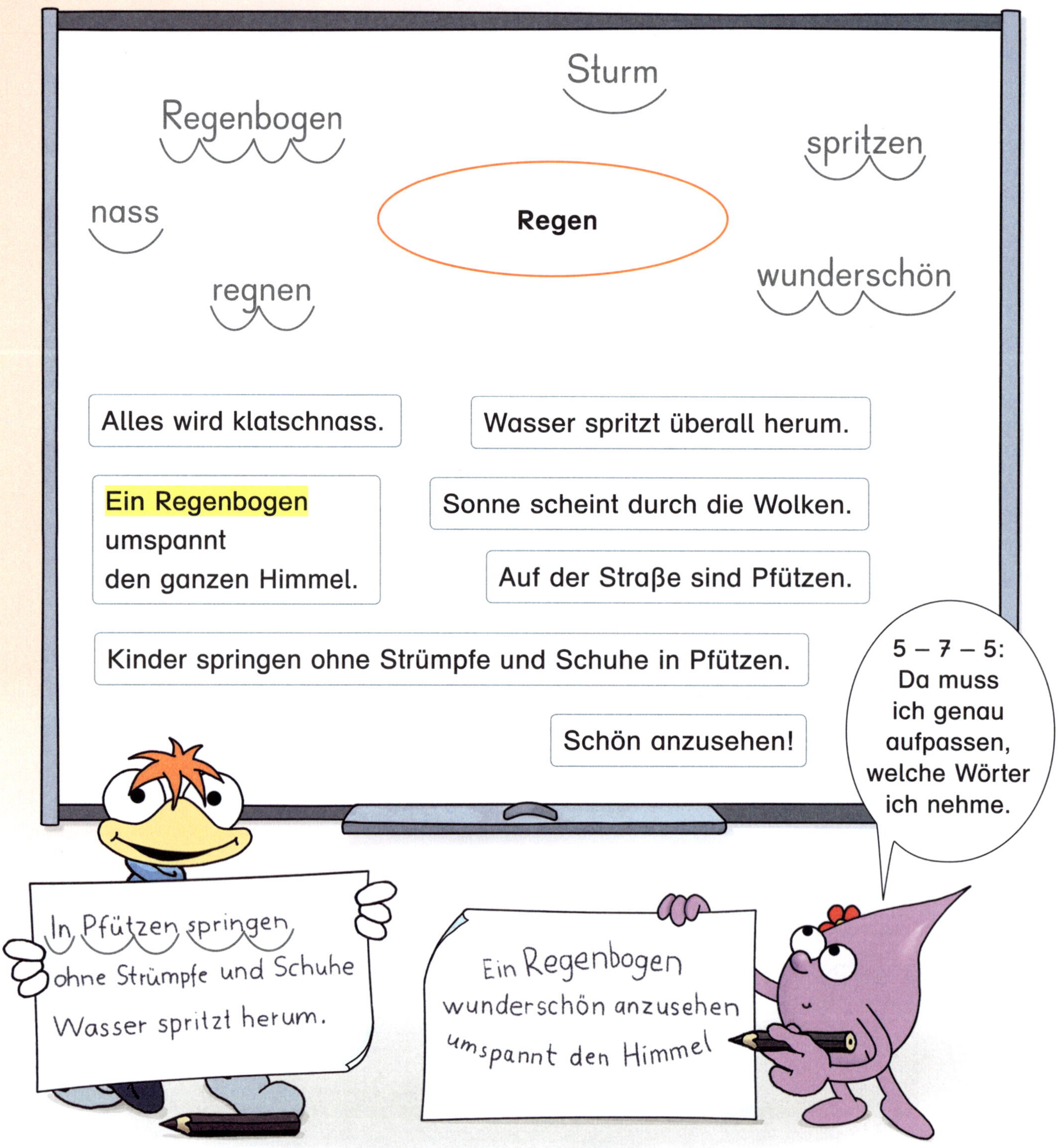

1 Sprich mit einem Partnerkind.
Was meint Flora?

____
Unterschrift Partnerkind

2 Markiere in den Sätzen die Wörter, die Flora für ihr Gedicht verwendet hat.
Unterstreiche die Wörter in den Sätzen orange, die Flex ausgesucht hat.

3 Zeichne Silbenbögen unter die Wörter in Flex und Floras Gedichten.

4 Zähle die Silben in den Versen der Gedichte. Notiere die Anzahl.

Flora: 1. Vers: ______
2. Vers: ______
3. Vers: ______

Flex: 1. Vers: ______
2. Vers: ______
3. Vers: ______

Ein **Haiku** ist ein besonderes **Gedicht**.
Es kommt aus dem Japanischen und beschreibt Dinge aus der Natur.
Das Haiku hat drei Verse. Im ersten Vers stehen fünf Silben,
im zweiten Vers sieben Silben und im dritten Vers wieder fünf Silben.

5 Bereite dein Haiku vor.

a) Schreibe Sätze zum Thema **Regen** mit Wörtern aus dem Gedankenschwarm von Seite 54. Du kannst auch Wörter ergänzen.

b) Zeichne Silbenbögen unter die Wörter in deinen Sätzen.

c) Wähle Wörter für dein Haiku aus und markiere sie. Achte auf die Anzahl der Silben.

____

____

____

____

____

____

____

6 Schreibe ein Haiku.

1. Vers (5 Silben): ______________________________

2. Vers (7 Silben): ______________________________

3. Vers (5 Silben): ______________________________

7 Schreibe dein Haiku auf ein Schmuckblatt und stelle es aus.
Du kannst dein Gedicht auch digital schreiben und gestalten.

Ideen für ein Haiku sammeln ...

Datum: ______________

1 Schau dir die Bilder an.

2 Bereite dein Haiku vor.

a) Kreuze das Bild an, zu dem du ein Haiku schreiben möchtest.
Du kannst auch ein eigenes Naturthema wählen und dazu malen.

b) Schreibe dein Thema in die Mitte.
Sammle Stichwörter im Gedankenschwarm.

3 Markiere im Gedankenschwarm Wörter für dein Haiku.

Datum: ____________

4 Schreibe Sätze mit den markierten Wörtern von Aufgabe 2.

5 Wähle Wörter aus den Sätzen von Aufgabe 4 für deine Haiku-Verse aus.
Markiere sie und zähle die Silben.

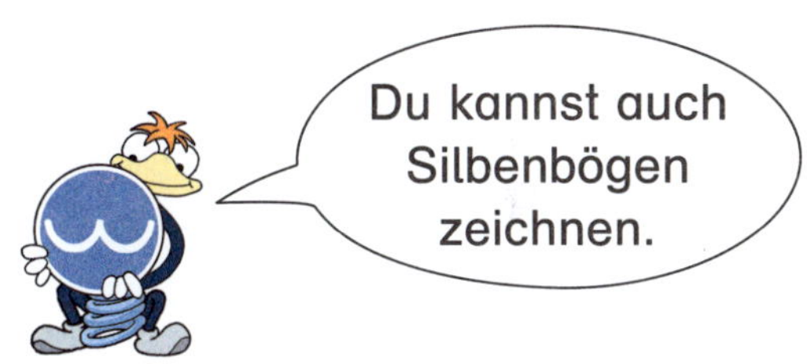

6 Schreibe ein Haiku.

1. Vers: ____________

2. Vers: ____________

3. Vers: ____________

7 Überprüfe die Anzahl der Silben.

8 Lies dein Haiku einem Partnerkind vor.
Welche Stelle hat ihm besonders gefallen?
Kennzeichne sie mit einem Smiley ☺.

____
Unterschrift Partnerkind

9 Schreibe ein weiteres Haiku ins Heft. Du kannst es auch digital schreiben.

Eine Klassenzeitung planen und schreiben

Datum: ____________

1 Suche dir drei Kinder für eine Gruppe für die Aufgaben 2–6.

____
Unterschriften Gruppenkinder

2 Was meint Flex? Sprecht in der Gruppe darüber.

3 Was könnte in einer Klassenzeitung stehen? Sammle deine Ideen zuerst allein im Gedankenschwarm.

Das könnte in der Klassenzeitung stehen

Das Medium Klassenzeitung kennenlernen
Strategien zur Ideenfindung einsetzen

KV
Fö /Fo
HR

4 Stelle einem Kind aus deiner Gruppe deine Ideen von Aufgabe 3 vor.
Danach stellt dein Partnerkind dir seine Gedanken vor.
Welche Themen sind euch besonders wichtig? Schreibt.

____

____

____

5 Stellt euch in der Vierergruppe gegenseitig die Ergebnisse von Aufgabe 4 vor.
Welche Ergebnisse wollt ihr in der Klasse vorstellen?
Einigt euch und macht euch Notizen.

6 Stellt eure Arbeitsergebnisse von Aufgabe 5 in der Klasse vor.

a) Sammelt in der Klasse die möglichen Themen für eure Klassenzeitung.

b) Entscheidet, zu welchen Themen ihr etwas schreiben wollt.

c) Entscheidet, wer welchen Zeitungsbeitrag übernimmt.

d) Notiere, welche Beiträge du schreiben wirst.
Du kannst auch Texte nutzen, die du schon geschrieben hast.

____

____

____

Tipps für eine Klassenzeitung

Planung
- Wir sammeln gemeinsam Ideen und entscheiden uns für Themen.
- Wir verteilen die Themen untereinander.
- Wir legen fest, wann die Beiträge fertig sein müssen.
- Wir erarbeiten unsere Beiträge.
- Wir entscheiden, ob wir die Texte leserlich mit der Hand oder digital schreiben.
- Am Ende verbessern wir die Fehler.

Layout
- Wir legen die Reihenfolge fest.
- Wir suchen passende Fotos oder Bilder.
- Wir achten auf eine gute Gliederung und ansprechende Gestaltung jeder Seite.

Ein Interview vorbereiten und führen

Datum: ____________

1 Suche dir ein Partnerkind für die Aufgaben 2–9.

____
Unterschrift Partnerkind

2 Lies das Interview zuerst allein.

Selin:	Ich bin Selin aus der 4c. Heute spreche ich mit Frau Joo. Sie ist Lehrerin an unserer Schule. Guten Tag, Frau Joo. Sind Sie gern Lehrerin an dieser Schule?
Frau Joo:	Ja.
Selin:	Mögen Sie die Kinder Ihrer Klasse?
Frau Joo:	Ja.
Selin:	Haben Sie ein Lieblingsfach?
Frau Joo:	Nein.
Selin:	Wollten Sie schon immer Lehrerin werden?
Frau Joo:	Nein.
Selin:	Vielen Dank für das Interview.

3 Wie könnte Selin ihre Fragen verändern, damit Frau Joo nicht immer nur mit **Ja** oder **Nein** antwortet?

4 Verändert eine Frage aus dem Interview von Aufgabe **2** so, dass Frau Joo ausführlicher antworten muss. Schreibt die Frage.

____

____

____

5 Welche Tipps helfen euch, ein gutes Interview zu führen? Kreuzt an.

- ☐ Mein Interview beginne ich mit einer Begrüßung. Ich stelle die Person kurz vor.
- ☐ Ich stelle nur Fragen, die man mit **Ja** oder **Nein** beantworten kann.
- ☐ Wenn ich Fragen stelle, möchte ich etwas erfahren. Deshalb beginnen meine Fragen oft mit einem Fragewort (Wer?, Was?, Wie?, Warum?,…)
- ☐ Erwachsene und Kinder spreche ich immer mit **du** an.
- ☐ Ich höre genau zu und frage nach.
- ☐ Am Ende bedanke ich mich für das Interview.

6 Plant ein Interview für die Klassenzeitung. Schreibt oder kreuzt an.

a) Wen möchtet ihr interviewen? ______________

b) Wo soll das Interview stattfinden? ______________

c) Wann wird die Person interviewt? ______________

d) Wie haltet ihr die Antworten fest?

- [ ] Wir schreiben sie auf.
- [ ] Wir lassen unsere Fragen schriftlich beantworten.
- [ ] Wir machen eine Aufnahme mit dem Tablet oder Smartphone.

7 Schreibt fünf Fragen für euer Interview.

◯ ______________________________

◯ ______________________________

◯ ______________________________

◯ ______________________________

◯ ______________________________

8 Legt eine sinnvolle Reihenfolge für die Fragen von Aufgabe 7 fest. Schreibt 1–5 in die Kreise.

9 Führt das Interview.
Ihr könnt die Person auch fragen, ob ihr ein Foto von ihr machen dürft. Das könnt ihr zum Interview in der Klassenzeitung einfügen.

Eine Klassenzeitung veröffentlichen

Datum: ____________

1 Suche dir ein Partnerkind für die Aufgaben 2 und 3.

____
Unterschrift Partnerkind

2 Lies die Texte zuerst allein und schau die Bilder an. Verbinde Text und Bild.

Rani

Unsere Klassenzeitung erscheint online. Unsere Lehrerin hat uns auf einer Internetplattform angemeldet. Dort können wir selbst Texte schreiben, Bilder und Audio-Dateien oder auch Videofilme hochladen.

Mesut

Wir haben unsere Klassenzeitung drucken lassen. Manche Kinder haben ihre Texte am Computer geschrieben, andere mit der Hand. Alle Kinder haben eine Zeitung bekommen.

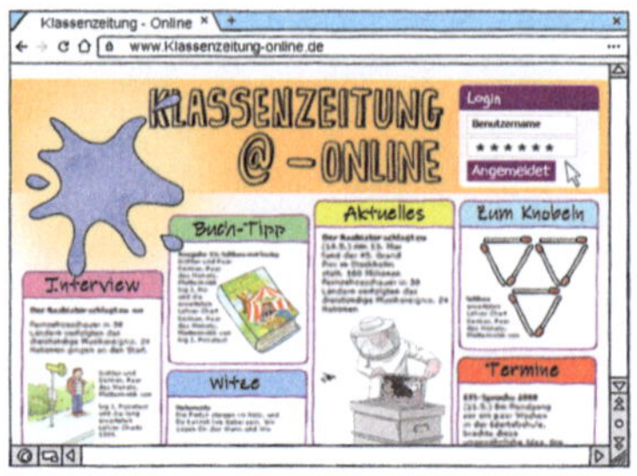

Nele

Wir haben unsere Texte am Computer geschrieben und Bilder digital eingefügt. Man kann die Zeitung im PDF-Format online auf der Hompage unserer Schule lesen. Dafür braucht man ein Passwort.

3 Welche Vorteile und welche Nachteile haben die einzelnen Arten der Veröffentlichung? Wie würdet ihr gern eure Klassenzeitung veröffentlichen? Sprecht darüber.

Hinweise zum Datenschutz

Wenn du einen Text schreibst, ein Bild malst oder ein Foto machst, dann bist du die **Urheberin** oder der **Urheber**. Bevor etwas von dir veröffentlicht wird, musst du zustimmen.

Willst du ein Foto veröffentlichen, auf dem eine Person zu sehen ist, brauchst du immer eine **Einverständniserklärung** von dieser Person. Sind mehrere Personen auf dem Foto zu sehen, benötigst du von jeder Person diese Erklärung. Bei Fotos von Kindern müssen die Eltern zustimmen.

Das kann ich jetzt

Ich kann ein Gedicht nach einem Muster schreiben:

Ich kann eine gute Geschichte schreiben und achte dabei auf:

Ich kann zu einer Frage ein Pro-Argument und ein Kontra-Argument finden:

Sollten Kinder in der 4. Klasse einen eigenen Fernseher haben?

Pro-Argument	Kontra-Argument

Das kann ich jetzt

Ich kann in einer E-Mail nach einem Termin für eine Museumsführung fragen:

An: info@naturkunde_museum.de

Betreff: ______________________________

______________________________,

____

____

____

____

____

Ich kann einen Bericht schreiben und beantworte dabei diese Fragen:

____

____

____

____

Ich kann eine Anleitung schreiben und achte dabei auf:

____

____

____

____